Die Geschichte von Belle Starr

Königin der Outlaws
und indisches Territorium

Frederick S. Barde

ISBN-13   978-1-935779-06-3

Veröffentlicht von:
H. Richardson Books
PO Box 55
Norman, OK 73070

Titelbild - Kabine von Belle Starr

Die Geschichte von Belle Starr

Königin der Outlaws
und indisches Territorium

Aller Zeichen von schlechten Ruf, dass befallene im Südwesten in frühen Tagen, Belle Starr nächste selbst mit, die romantische Stimmung, aus der Umgebung kamen, sind die Helden der Dime novels gezeichnet. Mit einer Ausbildung zu ihrer Umgebung und mit einem natürlichen Scharfsinn, die es ihr ermöglichte, schnell die spektakuläre von der alltäglich zu trennen und verwenden Sie sie, um die besten Vorteil, erwarb sie einen Ruf für gewagte outlawry, dass im Laufe der vielen Jahre überlebt, aber abgenutzt und armselige die Tatsachen, auf die sich dieser Ruf basiert. Sie hatte die Liebe der Bewunderung für Frauen. Eine Sentimentalität gemeinsame im Süden vor dem Bürgerkrieg, verbunden mit mehr als gewöhnliche Eitelkeit, led-Belle Starr zu beeinflussen und ahmt die Wege der billig Melodram.

Es gibt keinen Beweis dafür, dass sie jemals geholfen, einen Zug oder ein Reisender Rob, je feuerte einen Schuß in einer persönlichen Begegnung - sie war nicht ein guter Schuß - oder überhaupt ihre Hände mit Blut befleckt, noch in zahlreichen Gemeinden im Südwesten von Missouri, Western Arkansas, Texas und was indisches Territorium, ihr Name ist mit jeder Art von Verbrechen verbunden. Auch an diesem Tag Personen, sah sie auf der Parade auf der Suche nach dem Rampenlicht den Kopf schütteln unheilvoll, wenn über sie in Frage gestellt. In einem indischen Gegend der Stadt eine alte Fotograf, der seit Jahren in Fort Smith, Arkansas, gefragt wurde, ob er ein Foto von Belle Starr hatte. Er lächelte und sagte, dass er machte einen in Fort Smith, aber es verloren. Dann erzählte er diesen Vorfall: "Hearing ein großer Trubel auf der Straße einen Tag, ich aus meiner Galerie Fenster sah, und dort saß Belle Starr auf ihrem Pferd, mit einer Pistole im Gürtel und einem Winchester über ihren Schoß, fluchen aus vier oder fünf Polizisten der Band zu schlagen, alle von ihnen Angst, sie zu bekämpfen. Ich wusste alles über ihre Rechte und war dort in meiner Galerie. Aber ich wollte, dass sie Bild, so dass ich in das Fenster schlich mit meiner Kamera und Ihr aufgeschnappt und erhielt dann aus den Augen."

Diese Schätzung der Fähigkeit von Belle Starr ist charakteristisch für diejenigen, die nur das Lametta, dass Sie bei der Suche nach Bekanntheit gebracht sah. Die Personen, die an allen lachte sind diejenigen, die ihr direkt in die Augen sah, als sie anfing zu bluffen, nahm ihre Pistolen von ihr weg und sagte ihr, dass, wenn Sie nicht eine Frau waren Sie Ihr Boot aus dem Land würde. Diese Personen kannte sie nur zu harborer der Diebe und Banditen werden bei ihr zu Hause auf der Südseite Canadian River, empfangen sie ihre Beute für Sie ausblenden, und eine Frau von easy Tugend ist, sondern nur unter Ihren Favoriten. Sie hatten sogar ein wenig Sympathie für sie. Sie menschlich war das Herz, und in den dünn besiedelten Region, in der sie lebte, keine Frau war, großzügiger zu den Kranken und Unglücklichen. Sie hat nie verweigert das Essen zu einem Fremden, und wenn die Frauen ihrer Nachbarschaft krank waren und nicht in der Lage, für ihre Familien zu sorgen, Belle Starr gingen zu ihren Zelten und diente sie mit Ihren eigenen Händen, bis sie wiederhergestellt wurden.

Sie hatte viel Zuneigung für Kinder, und in ihnen das Erzählen von Geschichten begeistert. In der Nachbarschaft von Porum viele ein Junge und ein Mädchen, jetzt zu Männlichkeit und Weiblichkeit aufgewachsen, erinnert sich, wie Sie in ihren Worten hing als sie kam zu Besuch, und wie Sie die Gitarre spielte und sang religiöse Songs, wie "Jesus, Geliebter meiner Seele, lass Mich zu deinen Busen fliegen," oder "Es ist ein Brunnen mit Blut gefüllt." Wie andere Frauen sie manchmal

Zuflucht in Tränen nahm. Eine posse ging zu ihrem Haus auf der Suche nach gestohlenen Eigenschaft, und fanden sie nicht. Sie geplündert, und entdeckt ein Hausierer, in denen eine Reihe von Brillen waren. Bill Vann, einer der Stellvertreter, wag, sah Belle zurück, und legte drei oder vier Paare auf seine Nase. Als sie kam in der Nähe von er über seine Brille mit Owl-wie wiseness, schaute und fragte mit einem Wendepunkt des Sarkasmus: "Die Herrin Belle Starr, ich glaube?" Seine Gefährten brach in ein lautes Lachen. Belle's Augen blitzten in einer Wut, die sie nicht imstande war, in Worte zu fassen. Dann legte ihr Gesicht in den Händen und weinte.

Belle Starr war eine Frau der durchschnittlichen Höhe der guten Form und wog 140 Pfund. Ihre Bewegungen waren schnell und anmutig, und mit Leichtigkeit sie vom Boden auf den Rücken eines Pferdes, das Gewölbe. Sie tanzte gut, vor allem der schülerberater an Land "Pannen." Ihre Stimme war sanft und angenehm, und ihr höflich und wecken, wenn Sie in guter Stimmung war. Ihre Sprache war nicht vulgär, noch war sie profan, speichern, wenn sie wütend. Sie hatte wenig Schönheit des Gesichts, obwohl ihr regelmäßig Waren. Ihre Nase war gekrümmte, und wahrscheinlich Ihre stärkste index Charakter. Trotz ein paar Sommersprossen, ihre tiefe Bräune und Ihre langen schwarzen Haare verursacht, manchmal für eine Indische verwechselt werden. Ihre Hände waren zu breit hübsch sein, aber Ihre Füße waren klein und anmutig, und sie war so eitel von Ihnen, dass Sie nur die besten und teuersten Schuhe trug. Sie trug Ohrringe, selten anderen Schmuck. Es war ihre Art und Weise eine weiße sombrero zu tragen, und in ihrem Gürtel eine grosse 45 Kaliber Pistole, die später in den Besitz von Jackson Ellis, einem stellvertretenden United States Marshal in Muskogee unter Dr. Leo Bennett. Wie ihr Leben Rau war, Belle Starr nie Ritten rittlings auf, immer mit einer Seite Sattel, und hervorragende Verarbeitung, für den es weit war im Belle Starr Sattel bekannt. Sie war unübertroffen als Fahrer, und verwendet werden, für die Preise auf den Messen in Muskogee und Fort Smith, die Sie von Ihrem horsemanship gewonnen zu konkurrieren, aber durch ihre Reputation verloren. Trinken war nicht eine von ihrem Laster.

Obwohl aus guter Familie geboren, Belle Starr erhielt einen schlechten Start ins Leben. Ihr Vater, Richter John Shirley, hielt ein Hotel in Carthage, Missouri und besaß einen erheblichen Sachschaden mit Sklaven und Land. Es Myra Belle Shirley war Februar 5, 1848 geboren. Der Hader, über den Bürgerkrieg gebracht wurde Anfang Nachbarn zu entfremden und Gemeinschaften zu stören. Shirley sympathisierte mit der Süden, und wenn Konföderierten Guerilla unter Quantrill begann Scouting im Südwesten von Missouri, sie bald ihren Weg in die Shirley Zuhause gefunden und wurden von 2 Belle's Bruder, Edward, danach als Kapitän Shirley, der im Krieg getötet wurde, bekannt. Belle wurde ein Spion für die Quantrill Glaubenshelden, und viele gewagte Fahrten in ihren Dienst gestellt. Es war dann, daß Sie den Youngers und der James jungen Met. Am Ende des Krieges ihre Eltern zogen nach Texas und 1866 Belle heiratete James Reed, der Sohn eines wohlhabenden Bauern an den reichen Hügel, Missouri. Bill Anderson, der Guerilla, war bei ihrer Hochzeit.

Ihre Ehe mit Reed zweifellos geprägt, den künftigen Kurs von Belle Starrs leben. Reed hatte die Neigung von einem "schlechten Menschen" und es dauerte nicht lange, bis er ein Flüchtling von der Gerechtigkeit, mit dem Verbrechen des Mordes angeklagt. Er fand seinen Weg in die Heimat von "Onkel"

Tom Starr, im Süden Canadian River, in, was jetzt Haskell County, Oklahoma, wo er Schutz erhalten. Starr war ein Cherokee Indianer, und einer von den verzweifelten Menschen, die jemals in der indischen Territorium lebten. An seinem Tag tötete er genug Männer, ein kleiner Friedhof zu füllen. Er nahm das menschliche Leben ohne Reue, wenn er spürte, dass seine Streit war nur, Und in jenen Tagen werden die Menschen über einen Kauen des Tabaks in Streit. Belle kam gelegentlich auf dem Pferd aus dem Hause ihrer Eltern in Texas Reed zu besuchen. 1869 gebar sie ein Mädchen, Pearl Starr, leben jetzt in Fort Smith, und 1871 zu einem Jungen, Edward Reed, 1896 getötet, während oben schießt eine Limousine in Claremore. Für eine Belohnung, Jim Reed war durch seine Partner, John Morris, in einem Bauernhaus in der Nähe von McKinney, Texas 1871 getötet.

Ihr Leben mit Reed Belle in unaufrichtiger Weise geführt. Sie war eine Frau der Welt, täuschend echte Rennstrecken mit ihren Pferden und in Konflikt mit Offizieren des Gesetzes wegen verschiedener Delikte. Nach Reed's Tod sagte Sie der gemeinsame Frau wurden von einem Mann namens Mike McComas an Scyene, Texas, und später trug den gleichen Bezug im East Dallas, ein ehemaliger Offizier der Konföderierten Armee. Von Zeit zu Zeit sie schmückte sich in der Kleidung der Männer und als Mann. Die Geschichte wird erzählt, dass eine Nacht in einem überfüllten Hotel in einem kleinen Texas

Stadt, zwei Fremde im selben Bett belegt. Einer von ihnen hatte viel über Belle Starr zu sagen, und er möchte sie zu sehen. Am nächsten Morgen seinem Bett Begleiter sich früh und kurz vor dem Zimmer sagte: "Partner, ich bin nicht ein Mensch; Sie können Ihre Frau sagen, wenn Sie nach Hause kommen, dass Sie mit Belle Starr letzte Nacht geschlafen."

Mit ihren Kindern Belle links Texas ungefähr 1879 und ging zu Tom Starrs und von diesem Tag auf indischem Territorium war ihr Zuhause. Starr hatte mehrere Söhne, von denen einer, Sam, für eine Karriere von Schwierigkeiten geprägt war. Die Starr Familie ist einer der größten der Cherokee Nation, und die angesehenen Bürger von Oklahoma. Die unmittelbare Familie von Onkel Tom, hatte aber immer ein Rip - sah. Wenn Belle Starr erschien auf dem Süden Kanadas, eine der Starr kinsmen Ritt fast hundert Meilen dieser Vorschlag zu Onkel Tom zu machen: "Onkel Tom, es ist nur so: Wenn du die Frau bleiben lassen, um hier, sie wollte ihre Jungen zu ruinieren. Ich denke, was Sie zu tun, und ich habe hier, um zu sagen. Sie tun nicht recht, es sei denn, sie sie töten; ja, Sir, Sie töten, und befreien Sie sich von Schwierigkeiten."

Sam Starr war ein stattlicher Mann, der athletischen Gebäude, mit weißen Zähnen und die so schwarz teint und schwarze Augen und Haare der Cherokee. Belle Starr wurde begeistert von ihm, und es ist an diesem Tag in der Nachbarschaft des alten Starr home Es wird gesagt, dass Sie ihn überreden, mit ihr zu fliehen. Sie wurden von Richter Abe Woodall verheiratet.

Die beiden lebten eine Zeit lang in einer kleinen Box Haus, steht ein oder zwei Meilen südlich der heutigen Stadt Porum. Dann gingen sie zu dem, was die wurde die berüchtigtsten Lair von ächtet im Südwesten bekannt - unten auf den einsamen Süden Kanadische, tief in der Wildnis eingemauert von Shaggy, unzugänglichen Hügeln; ein Ort der Dämmerung Schluchten und düstere Wälder. Wurde die Region dünn besiedelt. Das Haus wurde von Zedernholz, gebaut fast vierzig Jahren von einem Mann namens Dempsey Hannell und lange von einer alten Cherokee voller Blut, großer Kopf, ohne zu sagen wo er 10.000 $ in Gold begraben gestorben belegt. Bell und Sam gesucht für Jahre für diesen Schatz.

Das Haus liegt nicht weit von der Briarton-Eufaula Trail, und stand auf einem kleinen Hügel, mit Blick nach Süden. Das Einzelzimmer war ungefähr 14 Meter im quadrat, mit einem altmodischen Kamin auf der westlichen Seite anmelden. Die Sparren waren kaum sieben Meter aus dem Boden. Im Norden war ein angebautes Küche des Boards, in zwei kleine Zimmer, unter denen war ein Keller unterteilt. Zwei kleine Fenster, die bloße Aussichtspunkte, im Licht; ein auf der rechten Seite der Tür, und die anderen neben dem Kamin. Die veranda, die über die gesamte Front des Hauses ausgedehnt wurde innerhalb von fünfzig Fuß des Holzes.

Mehrere hundert Meter nach Westen legen den Gelben Fluss, unerbittlich, gefährlich; seine Gewässer writhing unter den Treibsand. Unmittelbar östlich von Norden kommend zum Fluss, war ein großartiger Canyon, jetzt die Belle Starr Canyon genannt. Es war ungefähr drei Meilen in der Länge und die Mauern so hoch und steil, dass ein Wagen nicht über Sie durchgeführt werden könnte. In der Zeit gab es eine Weinrebe in diesem Canyon für gestohlene Pferde corral. Wasser für die Pferde war ein Immerfließender Frühling etwa zwei hundert Meter entfernt am Fuße der Hügel in der Nähe des Creek, der jetzt den Namen von Belle Starr creek Bären durchgeführt. Auf der gegenüberliegenden Seite der Kanadischen, Abgründe überragte abrupt zum Himmel, und es in der vollkommenen Verschleierung der Adel, die Frequentierten Starr hier von Tag eingereicht und hielten Wache über alle umliegenden Länder.

Notieren Sie sich die Namen der Männer, die ihren Weg zu diesem Ort in den zehn Jahren, die Starrs lebte dort ohne Parallele in der Geschichte der Kriminalität im Land wäre gefunden. In jenen Tagen indische Territorium war die Zuflucht der Flüchtlinge von der Gerechtigkeit von jedem Staat in der Europäischen Union. Wenn bewaffnete Fremde irgendwo in indischen Gegend erschienen, wird früher oder später die Spuren ihrer Pferde könnten zu diesem Retreat im Süden der kanadischen geschleppt werden. Belle Starr gab den Namen des Jüngeren Biegung zu diesem großen Bogen des Flusses; aber es wird bestritten, dass die Jüngere es jemals, wie Denial-of die Aussage, daß Cole Jüngeren war der Vater von Pearl Starr, obwohl Sie mit dem Namen der Jüngeren. Der gemeinsame Bericht, dass Henry Starr, der Bandit, ist ein Bruder von Belle Starr, falsch ist, braucht keine Beweise.

Belle und gleichen Waren über das Land viel der Zeit bewegen, aber selten, wenn überhaupt, außerhalb der indischen Gegend betrieben. Sie stahlen Pferde rechts und links, und gelegentlich Sam nahm teil in wichtigen Raubüberfälle. Das AUSRAUBEN von "Watt" Grayson, einem alten Choctaw, von $

22.000 in Gold, in dem Sam Starr sagte ist teilgenommen zu haben, um mehrere Jahre antedated das Aussehen von Belle und Sam im Süden der kanadischen. Etwa ein Jahr nach Sam und Belle verheiratet waren sie eine graue Stute aus Samuel Campbell und eine Bay Horse von Andrew Crane, für die Sie eine föderale Haus der Korrektur in Detroit, Michigan geschickt wurden gestohlen hat, für ein Jahr, vom Richter Parker in Fort Smith. Richter W.H.H. Clayton, leben jetzt in McAlester, verfolgt sie.

Haft nicht Reform noch vorsichtig machen. Sam wurde bald "Scouting" und in einen Hinterhalt gelockt, die von den Offizieren. Obwohl sein Pferd getötet wurde und er sich leicht verletzt, er entkam. Diese Begegnung, jedoch danach kostete ihn sein Leben. Unter den Offizieren war Frank West, ein Bruder von Kapitän John C. West, der Muskogee. Starr, der glaubte, dass sein Pferd durch West getötet wurde.

Ein Winter Nacht gab es ein Tanz im Haus der Frau Lucy Surratt auf der Südseite des Flusses in der Nähe der Alten Post Oklahoma, jetzt Whitefield. Die Gäste wärmte sich an einer Log-Heap-Feuer im Hof. Frank West wurde im Tanz, und während der Nacht Sam und Belle auf dem Weg nach Hause von Fort Smith angekommen. Sam war trinken, und West wurde gewarnt, um ihn zu beobachten. West war allein sitzen neben dem Feuer, wenn Sam und Belle kam aus dem Haus, Belle die Weise zu führen. Sam warf Westlich von seinem Pferd zu töten, und West verweigert. Belle schnell beiseite und hinter Sam trat. Letzterer hatte seine Pistole gezogen und sofort gefeuert. West geschafft, seine Pistole aus seinen Mantel zu ziehen und erwiderte das Feuer. Beide Männer starben in wenigen Sekunden.

Belle war bald auf der Suche nach einem anderen Mann, und dieses Mal ihre Zuneigung auf eine vollständige Blut Cherokee, Bill July, deren Name von Ihrer eigenen legislativen Akt sie Jim Starr geändert geschenkt wurden. July war eine gemeinsame Pferdedieb, hatte wenig Nerven und gewann seine Kämpfe durch Ausführen statt Kämpfen.

Das Schicksal, das verfolgt infatuated Männer und Frauen seine Schatten über Belle

Starr geworfen hatte. Eines Tages ein Mann ihm wie Edgar A. Watson, aus Florida, in der Nachbarschaft mit dieser Familie Name und vermietete Grundstücke von Jack Reihe, auf der Südseite des Kanadischen, in der Choctaw Land, sechs Meilen westlich von Whitefield, und etwa die gleiche Entfernung von der Starr home, Westen und Norden. Frau Watson war eine Frau von mehr als gewöhnliche Verfeinerung. Watson war anscheinend ein Mann von beispielhaften Gewohnheiten, aber es war danach gelernt, dass Mord und andere Verbrechen gegen ihn in Florida aufgeladen wurden und Er mit indischen Gegend kommen zu verstecken. Es war natürlich, dass Watson in der Liebe mit Belle Starr fallen sollten. Es war ihre Praxis die

Geheimnisse derer, die ihr helfen könnten oder Schaden zu lernen und dieses Wissen verwenden, um nach Ihren Bedürfnissen. Sie gewann Watson's Vertrauen und lernte seine Geschichte. Es gibt verschiedene Geschichten über die Herkunft der Probleme zwischen Ihnen. Einer ist, dass Sie über Land gestritten; die andere, daß Watson und Juli zusammen und Stehlen, dass Watson lehnte ab Juli seinen Anteil an der Beute, die Belle zu bedrohen Watson für Offiziere des Gesetzes zu verraten.

Auf dem Weg nach Fort Smith in der Bundesgerichtshof zu erscheinen, um die Aufladung der Pferde stehlen plädieren, Juli und Belle an, was als der König Creek store und Gin am 2. Februar 1889, in dem sie bezahlt ihre Rechnung von 75 $ Bekannt wurde gestoppt. Der Speicher wurde auf der Südseite des Flusses, nicht eine große Entfernung Formular, in dem sie lebten. Belle sagte, sie war ein Teil der Weg mit Juli und würde bleiben, die Nacht in der Wohnung von Frau Nagel, auf San-Bois Creek, 20 Meilen östlich von Whitefield, und würde am nächsten Tag, Sonntag. Sie erhielt zurück in den Laden um elf Uhr am Vormittag, kaufte Mais für Ihr Pferd und aßen mit dem Eigentümer, der mit dieser Farm Mieter lebten. Belle schien, Melancholie und am Tisch so abrupt, dass sie fürchtete, dass sie bald durch ihre Feinde getötet werden würde.

"Pshaw, Belle, Blitz und Donner sie nicht töten könnte," sagte ihr Freund, sie aufzumuntern. Die eine große neue Seide Taschentuch, schnitt sie in zwei diagonal mit einer Schere und gab die eine Hälfte auf die Mieter der Frau, ihr zu sagen, dass es ein Andenken wurde. Sie legte beiseite ihr Umhang, Wert über 40 $, und bat darum, dass es gehalten, bis Sie für ihn genannt - werden, wenn Sie überhaupt zurück kam.

Belle nach links der Speicher ca. 1:20 Uhr am Nachmittag, reiten Ihr Favorit Mare. In der Wohnung von einem Mann namens Barnes stoppte sie einige sauer Maisbrot, die Frau Barnes für festgestellt wurde. Bei ihrer Ankunft, Watson stand im Hof mit seiner Schrotflinte. Er sofort links, gehen in die Richtung, in die Belle unterwegs war. Belle blieb im Gespräch mit der Barnes Familie bis um halb drei Uhr. Das war das letzte Mal, dass jemals jemand in ihr lebendig gesehen habe.

Milo "Frosch" Hoyt, Richtung Osten, hatte gerade weg von der Kanadischen Fähre etwa vier Uhr, als er den Huf Beats auf ein laufendes Pferd gehört geritten. Die Suche nach sah er Belle Starrs mare, riderless, Leap einen Damm in den Fluss und Schwimmen.

Hoyt ritt schnell in die Richtung, aus der der Mare gekommen war, und in Kürze sah die Leiche einer Frau in der Straße liegend - den Körper von Belle Starr. Sie war ziemlich tot, liegend auf Ihrer Seite mit Blut rinnt aus ihrem Gesicht. Sie hatte von hinten erschossen worden, von der rechten Seite, zwei Ladungen von Shot gemischt, Sie von Ihren Hüften auf die Krone von den Kopf angeschlagen haben.

Die Wimpern ihrer quirt durch Schuß geschnitten worden waren, mehr als 60 davon in Ihrem Körper. An der Stelle, wo Sie die Straße abrupt abfiel und zwanzig dreißig Schritte von der Wende war ein großer Baum, hinter denen Ihr assassin gestanden hatte, wie seine Spuren gezeigt wurde. Wenn die verängstigte Mare nach Hause zurückgekehrt, Belle's Tochter, Pearl, wuchs alarmiert und entspringen in den Sattel durch die Kanadische stürzte und Galoppierten die Straße hinunter, bis Sie an, wo Ihre Mutter lag vacantly starrte in den Himmel kam.

Männer, die in der Nähe lebten und, die dort leben, haben jetzt nicht der geringste Zweifel, dass Watson der Mörder war. Die Tracks vom Baum led in der Nähe seiner Farm. Am Tag nach der Beerdigung, Dienstag, Juli verursacht Watson für den Mord verhaftet werden und nach Fort Smith. Watson's öffentliche Reputation hatte so gut, jedoch, dass Kaufleute aus dem Teil der indischen Gegend ging nach Fort Smith und überzeugt Richter Parker, dass Watson unschuldig war und Watson wurde freigegeben.

Die Wahrheit war, dass viele Personen in indischen Gegend fühlte, dass selbst wenn es wahr wäre, dass Watson Belle Starr für jede Ursache getötet hatte, er wertvollen Dienst an der Gemeinschaft verdient gemacht hat und sollte nicht missbraucht werden. Später, Watson war der Haftanstalt in Arkansas für ein anderes Verbrechen gesendet, und bei dem Versuch zu entkommen, wurde durch die

Gefängniswärter getötet. Während unter Anklage für Pferde stehlen, Juli floh er vor seinen Leibeigene und wurde in Choctaw Land überholt und durch Bud Trainer, einem stellvertretenden United States Marshal getötet.

Die Frauen der Nachbarschaft vorbereitet Belle Starrs Körper für die Beerdigung. Ein unhöfliches Sarg wurde der rauhen Brettern gemacht und ihr Grab im Garten gegraben in der Nähe der Tür des Cedar House. Es gab kein Minister, und ohne ein Gebet die Schollen waren gehäuft über alle Sterblichen der eigensinnigen Frau war.

Letzten Mai ein Mann fuhr unten durch die Hügel der jüngeren Biegen. Anfang Sommer war in den Himmel und die Cherokee Land lag weich und Blau in der Sonne. Die Wiese war übersät mit weidenden Kühen und überall Vögel singen die Freude am Leben waren.

Die Straßen wuchs rauher und rauher und die Hügel steiler und steiler, bis es nicht mehr rot weißen Bauernhäusern und Scheunen wurden - Die Wüste hatte alles geschluckt. Das Land wurde bedrohlich und düster, man hat das Gefühl von unsichtbaren Augen peering von versteckten Plätzen; eine unheimliche Stille schien der Reisende griff zu.

Führende in eine Schlucht, durch die ein schwacher Strom floss war eine dim Trail, lange verlassenen und wusch mit Regen und mit Unkraut überwuchert.

"Das ist die alte Glocke Starr trail," sagte der Fahrer. "Ich dachte, dass ihr Geist gesehen könnte entlang reiten hier auf dunklen Nächte sein. Wir sind immer in der Nähe Ihrer alten Heimat." Aus der Belle Starr Creek die Pferde kletterte auf einen ebenen Platz, wo zwei Cherokee Frauen ihre Familie waschen am offenen Feuer standen. In der Nähe, mit einem Lattenzaun eingeschlossen, wurde eine Feder - die Belle Starr Feder-up Welling unter den Wurzeln eines Toten, knorrigen Baum, der sah so aus, als wenn es vom Blitz gesprengt worden war. Seine Gewässer mit Brackwasser anzuwenden waren. Die strasse Wunde oben und um einen felsigen Hügel und das Haus von Zedernholz kam in volle Ansicht. Das Tor hing zwischen zwei wunderschönen Ahorn Bäume gepflanzt von Belle Starr, wenn Sie dort mit Ihrem Cherokee Ehemann, Sam Starr ging.

Ein Schritt mehr und einige zu einem bescheidenen Haus aus Stein kam - das Grab von Belle Starr. Es war der Rock aus dem nahe gelegenen Hügeln erbaut; Platten gespitzt Zueinander das Dach gebildet. An einer Ecke wuchs eine Malve - mit Blut-roten Blüten. Weit oben im Himmel ein bussard schwebte er auf faul Ritzeln. Von einem hohen Baum in einem "abstumpfung" in Richtung der grisly Süden Kanadische kam der Schrei eines Falken. In dieser Einsamkeit war Erinnerung an wie Belle Starr, von der Veranda des Cedar House, an der stellvertretenden Marschälle gybed, wenn Sie sie bei Sonnenaufgang entdeckt, skulking in die Kante des Holzes, Spionage auf dem Platz.

"Wie viele von euch Teufel gibt es?" fragte sie zwei Offiziere, die noch in diesem Teil des Landes zu leben und mit denen sie gut kennen. "Nur ihn und mich," kam die Antwort aus dem Dickicht. "Sie sind ein Lügner," erwiderte Belle, mit einem höhnischen Lachen, "ich kenne sie und John nicht wagen würden, hier kommen von Euch."

Das Grab sieht in Richtung Westen. Der Grabstein, fest in Stein und Mörtel fest, wurde von relikt Jäger angebrochen, bis die Kanten abgerundet sind. Es wurde von Joseph Dailey, einer ländlichen Stone-cutter gemacht, kurz nach dem Attentat. Oben ist ein Bild von bevorzugten Belle's Pferd, mit einem B-S Marke auf seine Schulter, einem Stern über ausgesetzt ist, und vor einer Glocke. An der

Unterseite ist eine aufgestützte Hand mit Blumen gefüllt. Auf dem Stein ist diese Inschrift:

BELLE STARR

In Carthage, Missouri geboren

Feb. 5, 1848.

Februar 3, 1889 starb.

Nicht für mich vergossen bittere Tränen,

Noch die Herzen geben, leider vergeblich.

Tis aber die Schatulle, hier liegt,

Der Edelstein, füllte es funkelt.

www.ingramcontent.com/pod-product-compliance
Lightning Source LLC
La Vergne TN
LVHW052039080426
835513LV00018B/2394